Ingrid Uebe

Wer rettet
den kleinen Delfin?

Mit Bildern von Sabine Scholbeck

Hase und Igel®

Für Lehrkräfte gibt es zu diesem Buch
ausführliches Begleitmaterial beim Hase und Igel Verlag.

Originalausgabe
© 2012 Hase und Igel Verlag GmbH, Garching b. München
www.hase-und-igel.de
Lektorat: Birgit Fürst
Druck: Himmer AG, Augsburg

ISBN 978-3-86760-158-0
1. Auflage 2012

Inhalt

1. Ferien mitten im Meer

Hanna und Leon haben Ferien.
Das finden sie gut.
Sie verbringen die Ferien
bei ihrer Tante Birgit
auf einer Insel
mitten im Meer.
Das finden sie noch besser.
Aber am allerbesten finden sie,
dass es in diesem Meer
echte Delfine gibt.
Für Hanna und Leon sind das
die schönsten Tiere der Welt.
Bis jetzt kennen sie
die tollen Meeresakrobaten
nur aus Büchern und aus Filmen.

Einen frei lebenden Delfin
haben sie noch nie gesehen.
Leider auch nicht
auf dieser Insel im richtigen Meer!
Tante Birgit hat nur erzählt,
dass Delfine ihre Nachbarn
und Freunde sind.
Sie lebt schon lange
hier auf der Insel.
Sie wohnt nicht weit vom Strand
in einem schönen Haus
zwischen Feigenbäumen
und Palmen.

Drei Tage sind schon vergangen
und noch kein Delfin
hat sich sehen lassen.

Immer wieder laufen
die beiden Kinder zum Strand
und schauen aufs Meer hinaus.

Wenn Tante Birgit dabei ist,
schwimmen sie manchmal
bis zum großen Felsen
am Ende der geschützten Bucht
und klettern hinauf.
Sie sehen dann Schwärme
von winzigen Fischen.
Aber Delfine sehen sie nicht.

Tante Birgit sagt:
„Dazu müssen wir noch
ein ganzes Stück weiter hinaus."

„Schwimmen?",
fragt Hanna besorgt.

Leon zuckt die Achseln.
„Von mir aus!", sagt er.

Tante Birgit schüttelt den Kopf.
„Nein, wir nehmen ein Schiff!"

„Wann denn? Wo denn?",
rufen die Kinder aufgeregt.

Tante Birgit lächelt.
„Bis Sonntag müsst ihr euch
noch gedulden", sagt sie.
„Dann gehen wir
an Bord der *Santa Maria*."

„Ist das unser Schiff?",
will Leon wissen.

„Genau", sagt Tante Birgit.
„Der Kapitän ist mein Freund
und ein sehr netter Mann.
Er heißt Isidoro
und kennt sich aus mit Delfinen.
Er hat sie draußen im Meer
schon oft gesucht und gefunden."

Hanna und Leon nicken sich zu.
Kapitän Isidoro ist für sie
bestimmt der richtige Mann!

2. Ein spannender Ausflug

Am Sonntag fährt Tante Birgit
mit Hanna und Leon
in ihrem alten Auto zum Hafen.
Dort liegen viele Schiffe,
große und kleine.
Die *Santa Maria*
ist ein zierlicher Dampfer
und sieht sehr einladend aus.

Immer mehr Leute schieben sich
in einer langen Reihe an Bord.
Oben am Fenster
der Steuerkabine
steht ein bärtiger Mann
und winkt.

„Er meint uns",
sagt Tante Birgit.
„Ich habe ihm erzählt,
dass wir kommen."

„Ist das Kapitän Isidoro?",
fragt Hanna.
Der fremdartige Name
gefällt ihr –
genau wie der bärtige Mann
oben am Fenster.

Tante Birgit nickt.
„Ja, das ist mein Freund Isidoro!"

Nun winken sie alle drei
zum Fenster hinauf.

Das Deck ist schon gut besetzt.
Tante Birgit findet gerade noch
einen Sitzplatz.
Hanna und Leon stellen sich
vorn an die Reling.
Da hat man den besten Blick.

Die *Santa Maria* legt ab.
Sie verlässt den Hafen.
Das Land bleibt allmählich zurück.
Das Meer tut sich auf.
Hanna und Leon
halten schon Ausschau
nach den Delfinen.

„Das dauert noch eine Weile",
sagt Tante Birgit.

Sie steht jetzt hinter ihnen
und schaut
auf die schäumenden Wellen.

Hanna und Leon seufzen.
„Ich habe ein Buch mit",
sagt Tante Birgit.
„Ein Buch über Delfine!
Damit vertreiben wir uns
ein bisschen die Zeit."

Sie setzen sich alle drei
auf die Bank an der Reling.
Das Buch zeigt und beschreibt,
wie Delfine schwimmen,
tauchen und springen.
Es erzählt und erklärt,
wovon sie leben,
was ihnen Spaß macht,
wer ihre Freunde
und wer ihre Feinde sind.

Hanna und Leon
blicken erst hoch,
als der Lärm des Schiffsmotors
plötzlich verstummt.

Tante Birgit klappt das Buch zu
und sagt: „Ich glaube,
jetzt ist es so weit!"

Hanna und Leon springen auf.
Auch die anderen Leute
drängeln sich an der Reling
und rufen alle durcheinander:
„Wo sind sie?"
„Wo sind die Delfine?"
„Ich will sie auch sehen!"
„Kann man sie füttern?"
„Kann man sie fotografieren?"

Hanna und Leon sagen kein Wort.
Sie stehen ganz still und suchen
mit den Augen das Meer ab.

„Schaut mal nach unten!",
sagt Tante Birgit.
„Da könnt ihr sie sehen!"

3. Kleiner Delfin in Gefahr

Unten im glasklaren Wasser
gleich neben dem Schiff
schwimmen sie – die Delfine.
Sie schwimmen
dicht unter der Oberfläche,
aber sie tauchen nicht auf.

„Sie müssen sich bestimmt
erst an uns gewöhnen",
sagt Hanna.

Und wirklich –
nach einer Weile hebt sich
der erste Delfin aus dem Wasser
und wagt einen Luftsprung.

„Ah!", machen alle Leute
an Bord der *Santa Maria*.
Manche klatschen auch Beifall.
Den Delfinen scheint das zu gefallen.
Immer mehr springen hoch
und tauchen dann wieder hinab.
Es sieht wunderbar aus,
elegant und vergnügt.

Hanna und Leon
schauen und staunen.
Was sie jetzt erleben,
ist schöner als alles,
was sie in Büchern
oder in Filmen gesehen haben.
Das Schönste allerdings
kommt erst noch.
Das Schönste
ist ein kleiner Delfin,
der neben seiner Mutter
durchs Wasser flitzt.

„Oh, ist der süß!", ruft Hanna.

„Und so flink!",
staunt Leon.

Der kleine Delfin fühlt sich
anscheinend sehr wohl –
im großen Meer,
bei seiner Mutter
und unter seinen Verwandten.
Er schwimmt und taucht
und wagt erste Sprünge.

„Tolles Kerlchen!", sagt Tante Birgit.

Neben ihr steht jetzt
Kapitän Isidoro und lacht.
Er freut sich auch
über den kleinen Delfin.

Hanna und Leon
winken dem Kapitän zu.
Dann blicken sie wieder aufs Meer.
Der kleine Delfin taucht gerade.
Schwupp, ist er weg!
Seine Mutter folgt ihm.
Hanna und Leon erkennen sie
inzwischen schon gut.
Ihre Rückenflosse ist etwas
dunkler und stärker gebogen
als die der anderen Delfine.
Hanna sagt:
„Sie lässt ihr Kind
nicht aus den Augen."

Leon nickt.
„Sie ist eine gute Mutter!"

Nun warten die Kinder
auf die Rückkehr
der beiden Delfine.
Lange vergeblich!
Sie fangen schon an
sich Sorgen zu machen.

Endlich taucht Mama Delfin
wieder auf.
Aber sie ist allein
und wirkt sehr aufgeregt.
Sie schwimmt hin und her,
taucht auf und unter.
Die anderen Delfine
verstehen sehr schnell
und machen sich mit ihr
auf die Suche.

Jetzt nähert sie sich dem Schiff
und hebt den Kopf
aus dem Wasser.
Hanna und Leon schauen ihr
direkt in die
runden Augen.

„Sie will uns was sagen!",
vermutet Leon.

„Sie hat Angst um ihr Kind",
ruft Hanna.
„Es ist bestimmt in Gefahr!
Was sollen wir tun?"

4. Der Kapitän taucht

Hanna und Leon drehen sich um.
Ein Glück!
Tante Birgit und Kapitän Isidoro
haben alles gesehen
und alles verstanden.
Der Kapitän tritt an die Reling.
Schnell wirft er Schuhe und Kleider ab.
Er hat nur noch Badeshorts an,
klettert über die Reling
und springt dann
kopfüber ins Meer.

Er taucht in die Tiefe.
Der große Delfin mit der
ungewöhnlichen Rückenflosse
taucht mit ihm.

An Bord der *Santa Maria*
herrscht große Aufregung.
Tante Birgit legt die Arme
um die Kinder und sagt:
„Der Kapitän ist ein guter Taucher.
Er hat schon manchem Delfin
das Leben gerettet."

Hanna weint fast und fragt:
„Aber was ist denn
da unten passiert?"

Tante Birgit runzelt die Stirn.
„Vermutlich hat ein Fischer
dort sein Netz ausgelegt
und der kleine Delfin
ist beim Spielen hineingeraten."

„Der blöde Fischer!",
ruft Leon empört.
„Warum denkt er nicht
an die Delfine?"

Tante Birgit hebt die Schultern.
„Er denkt vor allem an sich
und an seine Beute.
Die großen Delfine
kennen die Gefahr.
Aber die kleinen
haben noch keine Ahnung."

Hanna und Leon tauschen
erschrockene Blicke.
Sie haben Angst
um den kleinen Delfin.
Sie hoffen,
dass Kapitän Isidoro ihn findet
und dass er bald wieder auftaucht.
Die Zeit vergeht
schrecklich langsam.
Ruhig dehnt sich das Meer.
Auf dem Schiff ist es still.
Alle warten und warten.

Plötzlich taucht Kapitän Isidoro auf –
Seite an Seite mit Mama Delfin
schwimmt er der *Santa Maria*
entgegen.

An der Reling hängt
eine Strickleiter.
Der Kapitän klettert hinauf.

„Er hat etwas im Arm!",
ruft Leon aufgeregt.

„Sieht aus wie ein Netz",
meint Hanna.

Tante Birgit schüttelt den Kopf.
„Es ist nur ein Stück davon.
Der kleine Delfin steckt noch drin!"

Im nächsten Moment
ist der Kapitän wieder an Bord.
In seinen Armen zappelt
ein triefendes Paket.
Das legt er behutsam
auf die Schiffsplanken.
Schnell und geschickt
befreit er den kleinen Delfin
mit einem Messer
von Schlingen und Schnüren.
Mit demselben Messer
hat er unten im Meer schon
das große Netz zerschnitten.

Tante Birgit bedeckt
das zappelnde Tier
mit nassen Handtüchern.
Sie lässt nur das Blasloch frei.
Sonst kann der kleine Delfin
nicht atmen.

Ein Schiffsjunge bringt
einen Eimer voll Meerwasser.

Tante Birgit gibt Hanna und Leon
zwei große Henkelbecher
und sagt:
„Ihr schöpft jetzt Wasser
über den kleinen Delfin.
Seine Haut darf
auf keinen Fall
austrocknen."

5. Hilfe in Sicht?

Hanna und Leon sind gleich
mit Eifer bei der Sache.
Der kleine Delfin
wird allmählich ruhiger.
Seine Mutter bleibt
ganz nahe beim Schiff.
Offenbar vertraut sie
den Menschen an Bord.

Die anderen Delfine verstehen,
dass sie nicht mehr
gebraucht werden,
und schwimmen davon.
Kapitän Isidoro steht wieder
oben in der Steuerkabine.

Die *Santa Maria*
setzt sich in Bewegung.
Sie fährt jedoch nicht zurück
in den Heimathafen,
sondern nimmt Kurs
auf die nächste Insel.

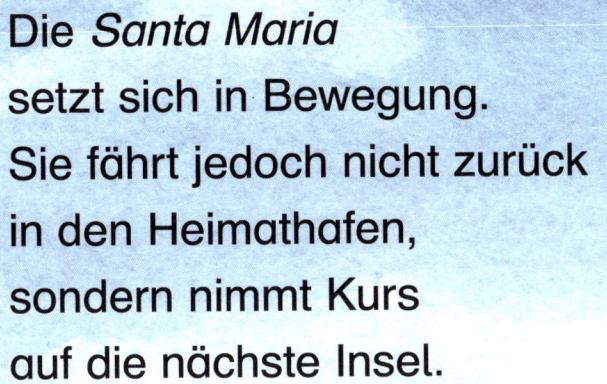

Tante Birgit erklärt:
„Da gibt es eine Station
für verletzte Delfine,
also wohl auch einen Tierarzt
für unseren Schützling."

„Ist er denn verletzt?",
erkundigt sich Leon besorgt.

„Das wird uns der Tierarzt sagen",
antwortet Tante Birgit.
„Der kleine Delfin
darf nur ins Meer zurück,
wenn er gesund ist."

Hanna und Leon nicken.

Auch die anderen Leute
auf der *Santa Maria*
sind mit dem Umweg einverstanden.
Mama Delfin begleitet das Schiff,
das ihr Kind an Bord hat.

Hanna und Leon
winken ihr einmal kurz zu,
dann schöpfen sie wieder Wasser
über den kleinen Delfin.

Hoffentlich weiß er,
dass sie ihm helfen wollen!
Hoffentlich hat er
keine Schmerzen und keine Angst!
Die Sonne steht hoch
und das Meer nimmt kein Ende.
Der Schiffsjunge holt neues Wasser.
Dann winkt Kapitän Isidoro
aus dem Fenster der Steuerkabine.

Tante Birgit ruft:
„Gleich sind wir da!"

6. Zwischen Hoffnung und Sorge

Bald ankert die *Santa Maria*
in einer großen Bucht.
Die Delfinstation liegt
auf der anderen Seite.
Man kann sie nur
mit dem Schlauchboot erreichen.

Hanna und Leon wissen jetzt:
Hier werden
verletzte und gestrandete Tiere
nicht nur behandelt,
sondern notfalls auch
eine Weile gepflegt.
Die Kinder sind voller Hoffnung,
aber auch voller Sorgen.

Hanna fragt: „Müssen wir
unseren kleinen Delfin
jetzt da abgeben?"

Leon meint:
„Ohne uns wird er sich bestimmt
schrecklich allein fühlen."

Tante Birgit sagt:
„Fürs Erste müssen wir ihn
mit dem Boot
zur Delfinstation bringen."

„Dürfen wir mit?",
rufen die Kinder aufgeregt.

„Ich glaube,
der Kapitän hat nichts dagegen",
antwortet Tante Birgit.

Das Schlauchboot liegt bereits
unten im Wasser.
Kapitän Isidoro hilft
Hanna und Leon hinein.
Dann folgt Tante Birgit
mit dem kleinen Delfin.
Sie hat ihn sorgfältig
in nasse Tücher gewickelt.
Schnell gleitet das Boot
seinem Ziel entgegen.

Mama Delfin ist an seiner Seite.
Immer wieder erhebt sie sich
aus dem Wasser
und schaut nach ihrem Kind.
Sie weiß, das Baby
braucht ihre Milch.

Kaum haben sie das Ufer erreicht,
springt Kapitän Isidoro
aus dem Boot.
Mit großen Schritten
läuft er zur Delfinstation
und verschwindet hinter der Tür.
„Er versucht bestimmt,
einen Tierarzt zu holen",
sagt Tante Birgit.

Hanna und Leon denken:
Hoffentlich kommt bald Hilfe!
Aber sie sagen nichts.
Stumm schöpfen sie Wasser
über den kleinen Delfin.
Die Tür der Station lassen sie
kaum aus den Augen.

Plötzlich rufen sie beide: „Da!"

Und wirklich – da kommt der Kapitän
mit einem schlanken Mann.
Schon sind sie am Boot.
Der Tierarzt hockt sich
neben den kleinen Delfin
und schiebt die nassen Tücher weg.

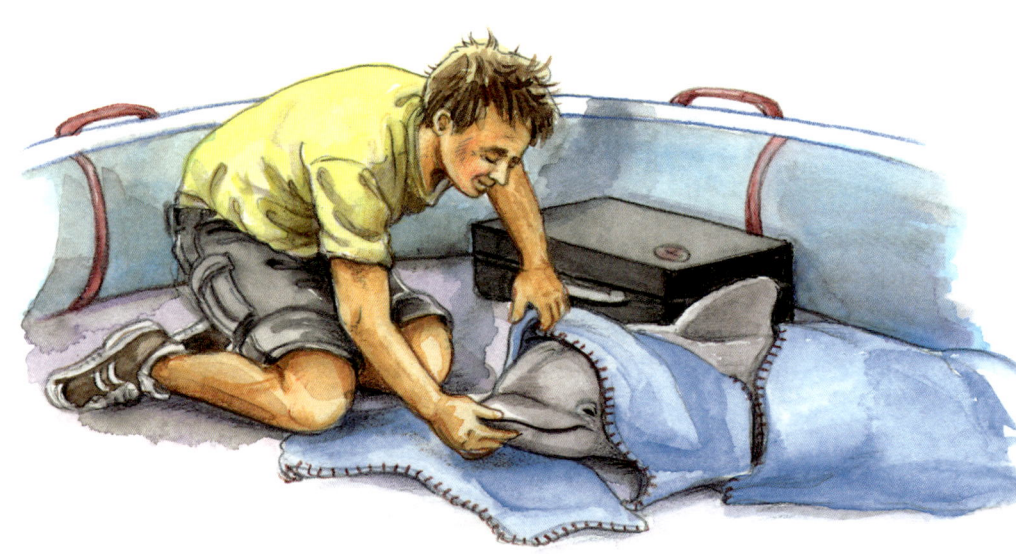

Dann öffnet er
einen schwarzen Koffer und holt
allerlei blitzende Sachen heraus.
Geschickt und behutsam
untersucht er den kleinen Delfin.
Er erklärt dabei,
was er herausfindet.
Weil er nicht deutsch spricht,
muss Tante Birgit
es übersetzen.

Der kleine Delfin
hat ein paar Schrammen
und an seiner linken Flanke
eine blutende Wunde.
Aber die Verletzungen
sind nur oberflächlich
und nicht allzu gefährlich.
Was für ein Glück!
Für alle Fälle gibt der Arzt
dem kleinen Delfin eine Spritze.
Außerdem streicht er
eine heilende Salbe auf die Wunde.

„Die geht im Wasser nicht ab",
erklärt Tante Birgit.
„Jetzt darf der Patient
bald ins Meer zurück!"

„Und zu seiner Mutter!",
ergänzt Hanna.

„Ich glaube, sie wartet schon",
sagt Leon.

Kapitän Isidoro steuert
das Schlauchboot
wieder Richtung Meer hinaus.

Mama Delfin schwimmt nebenher.
Der Arzt bleibt am Ufer
und winkt ihnen nach.

55

7. Abschied

Sie nehmen Kurs
auf die *Santa Maria*.
Doch kurz bevor sie
das Schiff erreichen,
stoppt Kapitän Isidoro das Boot.
Hanna und Leon begreifen:
Jetzt ist es so weit.
Tante Birgit fasst den kleinen Delfin
vorsichtig mit beiden Händen
und lässt ihn
aus den nassen Tüchern
ins Wasser gleiten.
Hanna und Leon beugen sich vor.
Sie sehen voller Freude:
Der kleine Delfin schwimmt.

Er taucht und springt
und sucht seine Mutter.
Da ist sie schon!
Dicht nebeneinander
kreisen beide um das Schlauchboot.
Einmal machen sie gleichzeitig
einen hohen Sprung.
Sicher ist es ein Freudensprung!
Danach verschwinden sie
in der blauen Ferne des Meeres.
Die vier im Schlauchboot
atmen erleichtert auf.
Ein wenig traurig sind sie auch.
So ist das nun mal,
wenn man Abschied nimmt.
„Jetzt sehen wir sie nie wieder!",
sagt Leon mit einem Seufzer.

Aber da irrt er sich.
Drei Tage später schwimmen
die Kinder mit Tante Birgit
bis ans Ende der Bucht.
Dort hocken sie sich
auf den großen Felsen
und blicken über das glitzernde Meer.

Da taucht plötzlich
ein großer Delfin auf.
Seine Rückenflosse ist
auffallend dunkel und stark gebogen.
Neben ihm streckt
ein kleiner Delfin
seinen Kopf aus dem Wasser.

„Da sind sie!", ruft Hanna.

„Unsere Delfine!", sagt Leon.

61

Es gibt keinen Zweifel!
Der kleine Delfin und seine Mutter
grüßen mit erhobenen Köpfen
zum Felsen hinauf.
Dann ziehen sie dicht davor
ihre Bahnen.
Hin und her.
Hinauf und hinab.
Sie machen gleichzeitig
die schönsten Sprünge.
Sie geben
eine richtige Vorstellung.
Es sieht aus,
als hätten sie lange dafür geübt.

„Ich glaube, sie wollen sich
bei uns bedanken", meint Tante Birgit.

Hanna und Leon
nicken und strahlen,
schauen und staunen.

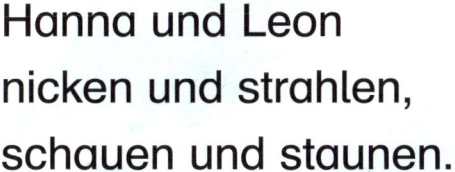

Hanna sagt:

„Die beiden sind unsere Freunde."

Leon fragt:

„Wie haben sie uns bloß gefunden?"

Tante Birgit lächelt.

„Wahre Freunde

suchen und finden

sich eben!"